LOI DU 31 MARS 1913

MODIFIÉE PAR CELLE DU 15 AVRIL 1914

RELATIVE A LA CONSTITUTION

DES CADRES & DES EFFECTIFS
DE LA CAVALERIE

Suivie des Instructions du 26 avril et du 2 septembre 1913
relatives à l'application de la loi, du Décret relatif
à l'organisation de 10 divisions de cavalerie et de la répartition
des régiments de cavalerie au 15 avril 1914.

MISE A JOUR AU 15 JUIN 1914

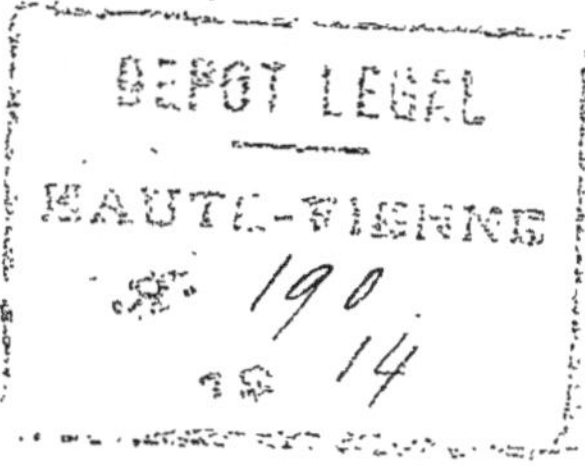

PARIS
Henri CHARLES-LAVAUZELLE
Éditeur militaire
124, Boulevard Saint-Germain, 124
MÊME MAISON A LIMOGES

LOI DU 31 MARS 1913

MODIFIÉE PAR CELLE DU 15 AVRIL 1914

RELATIVE A LA CONSTITUTION

DES CADRES & DES EFFECTIFS

DE LA CAVALERIE

Suivie des Instructions du 26 avril et du 2 septembre 1913
relatives à l'application de la loi, du Décret relatif
à l'organisation de 10 divisions de cavalerie et de la répartition
des régiments de cavalerie au 15 avril 1914.

MISE A JOUR AU 15 JUIN 1914

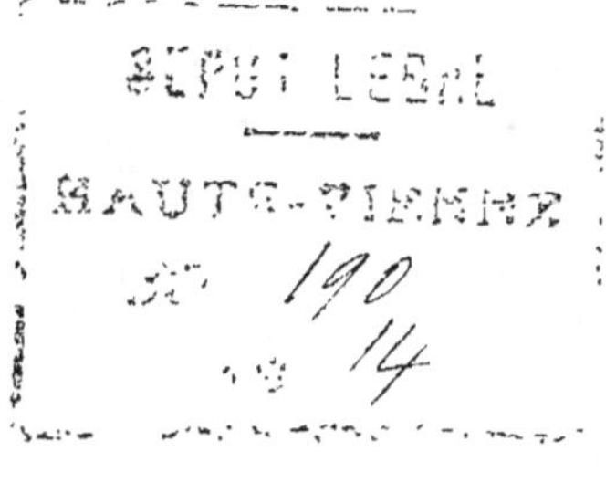

PARIS

HENRI CHARLES-LAVAUZELLE

Éditeur militaire

124, Boulevard Saint-Germain, 124

MÊME MAISON A LIMOGES

SOMMAIRE.

Loi du 31 Mars 1913 modifiée par celle du 15 Avril 1914

RELATIVE A LA CONSTITUTION

DES CADRES ET DES EFFECTIFS

DE LA CAVALERIE

Le Sénat et la Chambre des députés ont adopté,

Le Président de la République promulgue la loi dont la teneur suit :

Art. 1er. Les troupes de cavalerie se composent :

De 91 régiments de cavalerie, savoir :

12 régiments de cuirassiers;
32 régiments de dragons;
23 régiments de chasseurs;
14 régiments de hussards,
stationnés en France.

6 régiments de chasseurs d'Afrique (1);
6 régiments de spahis,
stationnés en Algérie et en Tunisie.

De 4 compagnies de cavaliers de remonte pour le service de la remonte en Algérie-Tunisie.

De 17 groupes de cavaliers de remonte affectés au service de la remonte en France et dont la composition est fixée par décision ministérielle.

D'escadrons de spahis coloniaux dont le nombre et la composition sont fixés par décret.

A chaque corps d'armée est rattaché, en principe, un régiment de cavalerie légère (exceptionnellement 2 ou 3; dans ce cas, ils constituent une brigade).

Tous les autres régiments de cavalerie sont endivisionnés.

---

(1) Modification de la loi du 15 avril 1914 relative à la constitution des cadres et effectifs des différentes armes.

Le nombre et la composition des divisions de cavalerie sont fixés par décret. A chaque division sont affectés un groupe de batteries à cheval et un groupe cycliste.

Les régiments stationnés en France sont constitués à 4 escadrons actifs et 1 dépôt.

Les régiments de chasseurs d'Afrique sont, en principe, constitués à 4 escadrons actifs et 1 dépôt, et ceux de spahis à 5 escadrons actifs; le nombre des escadrons actifs d'Afrique peut être modifié par décret.

La composition des cadres de ces corps de troupes sur le pied de paix, leurs effectifs minima en simples soldats, les cadres de l'état-major particulier de la cavalerie sont fixés par les tableaux n°s 1, 2, 3, 4 et 5 annexés à la présente loi.

Les effectifs fixés par ces tableaux peuvent être majorés par décision ministérielle dans les limites indiquées par ces tableaux mêmes.

Art. 2. Les effectifs en hommes du service armé, prévus dans les tableaux annexés à la présente loi, représentent ceux qui doivent être atteints au 1er avril de chaque année.

Tous les ans, le Ministre de la guerre fera connaître aux Chambres les effectifs moyens en hommes du service armé réalisés au 1er avril dans les diverses subdivisions d'arme et types d'unités prévus aux tableaux précités et leur soumettra les mesures de nature à maintenir ces effectifs aux fixations déterminées par la présente loi.

Art. 3. Les officiers de cavalerie employés dans le service des affaires indigènes de l'Afrique du Nord, ainsi qu'au commandement des troupes indigènes des pays de protectorat, autres que celles prévues par la présente loi, sont placés hors cadres.

Leur nombre dans chaque grade est fixé par des décrets rendus sur la proposition du Ministre de la guerre, et contresignés par le Ministre des finances, suivant les besoins du service et dans la limite des crédits.

La présente loi, délibérée et adoptée par le Sénat et la Chambre des députés, sera exécutée comme loi de l'Etat.

Fait à Paris, le 31 mars 1913.

R. POINCARE.

Par le Président de la République :

Le Ministre de la guerre,

Eug. ETIENNE.

TABLEAUX ANNEXES (1)

Composition d'un régiment de cavalerie à 4 escadrons actifs et un dépôt.

CADRES.	HOMMES.	CHEVAUX.	OBSERVATIONS.
I. — Officiers.			
Etat-major.			
Colonel	1	3	
Lieutenant-colonel	1	2	(1) 1 cheval après trois ans passés dans l'emploi de major.
Chefs d'escadrons	2	4	
Major	1 (1)	2	
Capitaine adjoint au colonel	1	2	
Capitaine trésorier	1	»	
Capitaine chargé du matériel	1	»	(2) Nombre fixé par décision ministérielle.
Lieutenant ou sous-lieutenant adjoint au trésorier	1	1	
Médecins (2)	»	»	
Vétérinaires (2)	»	»	
TOTAL	9	14	(3) Dans les régiments de chasseurs d'Afrique le cadre complémentaire comprend en outre 3 lieutenants ou sous-lieutenants montés.
Cadre complémentaire (3).			
Capitaines (4)	3	6	(4) Remplissant les fonctions d'adjudant-major et d'officier chargé de la mobilisation.
Un escadron actif.			
Capitaine commandant	1	2	
Lieutenants ou sous-lieutenants	4	4	
TOTAL pour l'escadron actif		6	

Un dépôt.		
Capitaine **commandant**	1	2
Lieutenants ou sous-lieutenants	2	2
Total pour le dépôt	3	4

II. — **Troupe.**
Peloton hors rang.

Cadre complémentaire de sous-officiers } Adjudants-chefs	3	3
} Adjudants	2	2
Adjudant-chef de casernement (5)	1	»
Adjudant premier maître maréchal ferrant chargé de l'infirmerie des chevaux et de la maréchalerie	1	»
Adjudant maître armurier	1	»
Maître d'escrime (adjudant ou maréchal des logis)	1	»
Trompette-major (maréchal des logis, maréchal des logis chef ou adjudant) (6)	1	1
Maréchaux des logis... Fourrier (7)	1	1
Secrétaire du trésorier (8)	1	»
Garde-magasin (8)	1	»
Adjoint au secrétaire de la commission des ordinaires	1	»
Chargé de l'infirmerie des hommes (8)	1	»
Télégraphiste (9) (8)	(1)	(1)
Mitrailleur (9)	(1)	(1)
Brigadiers.. Conducteur des équipages régimentaires	1	»
Chef d'atelier du casernement	1	»
Armurier (10)	1	»
Trompette	1	1
Secrétaire du major (11)	1	»
Secrétaire du trésorier	1	»
Secrétaire de l'adjoint au trésorier	1	»
Secrétaire du capitaine chargé du matériel	1	»
Prévôts d'armes	2	»
Maître ouvrier tailleur (12)	1	»
Selliers (13)	2	»
A reporter	28	8

(5) Auquel peut être adjoint 1 secrétaire du service auxiliaire.

(6) Les trompettes-majors pourront être maréchaux des logis, puis maréchaux des logis chefs, puis adjudants.

(7) Peut être maréchal des logis chef après quatre ans de grade de maréchal des logis.

(8) Peut être maréchal des logis chef après quatre ans de grade de maréchal des logis et adjudant après six ans passés dans l'emploi de maréchal des logis chef.

(9) Dans les régiments désignés par le ministre.

(10) Pourra être maréchal des logis (proportion fixée par le ministre).

(11) Pourra être nommé maréchal des logis après deux ans de grade de brigadier.

(12) Peut recevoir l'assimilation au grade de sous-officier avec rang de maréchal des logis lorsqu'il a accompli, comme brigadier, le temps exigé par la loi.

(13) L'un des deux brigadiers selliers est dénommé maître ouvrier sellier et peut recevoir l'assimilation au grade de sous-officier avec rang de maréchal des logis lorsqu'il a accompli, comme brigadier, le temps exigé par la loi.

(1) Modifiés selon la loi du 15 avril 1914.

CADRES.	HOMMES.	CHEVAUX.	OBSERVATIONS.
Report........	28	8	
II. — Troupes (*suite*).			
Brigadiers (*suite*). { Maître ouvrier bottier (12)............	1	»	
Télégraphiste (9)........................	(1)	(1)	
Mitrailleurs (9)........................	(2)	(2)	
Secrétaire du colonel.....................	1	»	
Secrétaire du trésorier (14)............	1	»	
Secrétaire de l'adjoint au trésorier (14).....	1	»	(14) Du service auxiliaire, si les ressources du recrutement le permettent.
Secrétaire du capitaine chargé du matériel (14)............	1	»	
Cavaliers... { Attaché à l'infirmerie des chevaux (14)......	1	»	
Ouvriers... { Armuriers (14)...................	2	»	
Tailleur (14)...................	1	»	(15) Dont 1 fourrier. Cet emploi peut être rempli exceptionnellement par un brigadier fourrier.
Sellier (14)...................	1	»	
Bottier (14)...................	1	»	
Conducteurs des équipages régimentaires..	6	»	
Total du peloton hors rang..................	45	8	(16) Dans 2 escadrons, brigadier dans les autres escadrons actifs.
Un escadron actif.			
Adjudant.....................	1	1	
Maréchal des logis chef..................	1	1	(17) Dont 1 premier aide.
Maréchaux des logis (15)................	10	10	
Maréchal des logis premier maître maréchal ferrant (16).	1	1	
Brigadiers.....................	12	12	
Trompettes.....................	4	4	(18) Dont 1 sellier, 1 bottier, 1 tailleur. Chaque escadron comporte 1 infirmier du service armé dans un escadron sur deux, du service auxiliaire dans les autres escadrons.
Aides-maréchaux ferrants (17)............	3	3	
Cavaliers (18) (dont 24 de 1re classe)............	120	152	
Total des hommes de troupe..................	(19) 161	(20) 184	

Dépôt.

Maréchal des logis chef.	1	1
Maréchaux des logis (15).	4	4
Brigadiers.	4	4
Trompettes.	2	2
Aides-maréchaux ferrants (17).	2	2
Cavaliers (21).	(22) 38	13
Total des hommes de troupe (23).	51	26

RÉSUMÉ.

Officiers supérieurs.	5	»
Officiers subalternes (médecins et vétérinaires non compris).	30	»
Total des officiers.	35	»
Sous-officiers.	70	»
Brigadiers.	68	»
Cavaliers.	602	»
Total des hommes de troupe (non compris les emplois éventuels).	(24) 740	»
Chevaux d'officiers (non compris ceux des médecins et des vétérinaires).	»	48
Chevaux d'hommes de troupe.	»	(20) 770

(19) Chaque escadron peut recevoir en sus de l'effectif, des hommes du service auxiliaire.

(20) Y compris les jeunes chevaux en dressage au corps.

(21) Dont 1 sellier, 1 bottier, 1 tailleur, 10 ordonnances d'officier de l'état-major du régiment, 3 ordonnances d'officiers du cadre complémentaire, 3 ordonnances d'officiers du dépôt. Le dépôt reçoit en outre 1 infirmier du service auxiliaire.

(22) Non compris les ordonnances des médecins et vétérinaires.

(23) Le dépôt peut recevoir en sus de l'effectif des hommes du service auxiliaire.

(24) Dans l'effectif total du régiment sont compris les sapeurs, dont le nombre et le grade sont réglés par décision ministérielle; sont également compris dans l'effectif total les cavaliers mitrailleurs et télégraphistes.

Sur le contingent annuel, il est attribué en sus de l'effectif au moins 30 hommes du service auxiliaire.

Nota. — *a*) Un renforcement de 8 chevaux est donné aux régiments pourvus de mitrailleuses.

Le colonel est libre de faire varier momentanément et suivant les besoins du service les effectifs des escadrons actifs et du dépôt.

Le nombre des escadrons actifs des régiments de chasseurs d'Afrique peut être modifié par décret.

b) Ne sont pas compris dans ce tableau les maréchaux des logis porte-fanions. Ces sous-officiers comptent en surnombre.

CADRES.	HOMMES.	CHEVAUX.	OBSERVATIONS.
I. — Officiers.			
Etat-major.			
Colonel.	1	3	
Lieutenant-colonel.	1	2	
Chefs d'escadrons (1).	2	4	(1) Si le nombre des escadrons est de 6 au moins, le nombre des chefs d'escadrons est porté à 3.
Major.	1	(2) 2	
Capitaine trésorier.	1	»	
Capitaine chargé du matériel.	1	»	
Lieutenant ou sous-lieutenant adjoint au trésorier.	1	»	
Médecins (3).	»	»	(2) 1 cheval après trois ans passés dans l'emploi de major.
Vétérinaires (3).	»	»	
Total de l'état-major.	8	11	(3) Nombre fixé par décision ministérielle.
Cadre complémentaire.			(4) Remplissant les fonctions d'adjudants-majors et d'officiers chargés de la mobilisation.
Capitaines (4).	2	4	
Lieutenants ou sous-lieutenants.	5	5	
Total.	7	9	

Un escadron.

Capitaine commandant.	1	2
Lieutenants ou sous-lieutenants.	4	4
TOTAL.	**5**	**6**

II. — Troupe.

Peloton hors rang.

Adjudant-chef du cadre complémentaire		1	1
Adjudant maître armurier.		1	»
Maréchaux des logis...	Fourrier (5).	1	1
	Secrétaire du trésorier (6).	1	»
	Garde-magasin.	1	»
Brigadiers.	Trompette (7).	1	1
	Secrétaire du major (8).	1	»
	Secrétaire du trésorier.	1	»
	Chargé de l'infirmerie des hommes (8)	1	»
Cavaliers.. Secrétaires	Du colonel.	1	»
	Du trésorier.	1	»
	Du capitaine chargé du matériel.	1	»
A reporter		12	3

(5) Peut être maréchal des logis chef après quatre ans de grade de maréchal des logis.

(6) Peut être maréchal des logis chef après quatre ans de grade de maréchal des logis, et adjudant après six ans passés dans l'emploi de maréchal des logis chef.

(7) Peut être maréchal des logis s'il est rengagé.

(8) Pourra être nommé maréchal des logis après deux ans de grade de brigadier.

CADRES.	HOMMES.	CHEVAUX.
Report........	12	3

II. — Troupe (*suite*).

CADRES.	HOMMES.	CHEVAUX.
Cavaliers (*suite*). { Attaché à l'infirmerie des chevaux..........	1	»
Trompettes. . . :	2	2
Aides-maréchaux ferrants (9)............	2	»
Ouvriers armuriers.	4	»
Total du peloton hors rang (10) (11)........	21	5

Un escadron.

CADRES.	HOMMES.	CHEVAUX.
Adjudant.	1	1
Maréchal des logis chef.	1	1
Maréchaux des logis (12).	10	10
Maréchal des logis premier maître maréchal ferrant (13).	1	1
Brigadiers.	16	16
Trompettes.	4	4
Aides-maréchaux ferrants (9).	3	3
Ouvriers... { Tailleurs.	2	1
Bottiers.	2	1
Selliers.	2	1
Spahis (dont 50 de 1re classe).............	138	133
Total des hommes de troupe..............	180	177

(9) Dont un premier aide.

(10) Tout régiment de spahis dont la portion principale comprend deux escadrons au moins et un peloton hors rang, comprend en outre à ce peloton hors rang un adjudant.

(11) Sont attribués aux éléments français tous les emplois de comptables et de secrétaires, ainsi que ceux des ouvriers qui ne pourraient être recrutés parmi les indigènes.

(12) Dont un fourrier. Cet emploi peut être rempli exceptionnellement par un brigadier fourrier.

(13) Dans deux escadrons, brigadier dans les autres escadrons. — Toutefois, lorsque le nombre des escadrons est supérieur à 5, le nombre des maréchaux des logis maréchaux peut atteindre la moitié du nombre des escadrons.

RÉSUMÉ (Pour 5 escadrons).

Officiers supérieurs.	5	»
Officiers subalternes (non compris les médecins et vétérinaires).	35	»
TOTAL des officiers.	40	»
Sous-officiers.	67	»
Brigadiers.	87	»
Spahis.	767	»
TOTAL des hommes de troupe.	921	»
Chevaux d'officiers (non compris ceux des médecins et des vétérinaires).	»	45
Chevaux d'hommes de troupe.	»	890

NOTA. — Le nombre des escadrons d'un régiment de spahis peut être modifié par décret du Président de la République.

En principe, dans chaque escadron, les emplois de lieutenants et sous-lieutenants sont attribués moitié aux éléments français, moitié aux éléments indigènes. Néanmoins, le Ministre peut faire varier cette proportion suivant les besoins du service. En aucun cas le nombre des officiers indigènes ne peut, dans un escadron, être supérieur au nombre des officiers français.

Dans chaque escadron, sont seuls attribués aux éléments français les emplois d'adjudant, de sous-officiers comptables, six emplois de maréchaux des logis (deux dans les pelotons commandés par un officier indigène) et ceux des ouvriers des diverses professions qui ne pourraient être recrutés parmi les indigènes.

Les emplois de brigadier sont attribués indifféremment aux français et aux indigènes.

CADRES.	HOMMES.	CHEVAUX.	OBSERVATIONS.
Officiers.			
Capitaine.	1	2	(1) La 3ᵉ et la 4ᵉ compagnies comptent un lieutenant ou un sous-lieutenant en moins.
Lieutenants ou sous-lieutenants (1).	2	2	
Lieutenant ou sous-lieutenant comptable.	1	»	
TOTAL des officiers.	4	4	(2) L'effectif des cavaliers, dont un cinquième de 1ʳᵉ classe, varie suivant le nombre des détachements à fournir dans les dépôts de remonte. Il comprend des commissionnés, des hommes du service auxiliaire, des indigènes et, s'il y a lieu, des hommes du contingent dans une proportion fixée par décision ministérielle.
Troupe (2).			Pour chaque détachement d'au moins 25 hommes, le cadre ci-contre comporte, en sus, 1 officier du grade de lieutenant et un nombre de maréchaux des logis, maréchaux des logis fourriers, brigadiers, maréchaux ferrants et ouvriers de chaque profession en rapport avec son effectif et les besoins du service.
Adjudant (4).	1	1	
Maréchal des logis chef.	1	»	La composition du détachement est fixée par décision ministérielle.
Maréchaux des logis.	4	»	
Maréchaux des logis fourriers.	2	»	
Brigadiers.	8	»	
Maréchal des logis premier maître maréchal ferrant.	1	»	
Aides-maréchaux ferrants.	3	»	(3) La 4ᵉ compagnie ne comporte qu'un ouvrier tailleur et un ouvrier bottier.
Ouvriers... { Sellier.	1	»	
Tailleurs (3).	2	»	
Bottiers (3).	2	»	(4) Peut être adjudant-chef.
TOTAL des hommes du cadre.	25	1	

Effectif du personnel attaché d'une manière permanente au service de la remonte (1).   TABLEAU N° 4.

CADRES.	OFFICIERS.	CHEVAUX.	OBSERVATIONS.
Colonel ou lieutenant-colonel commandant les circonscriptions de remonte en France....................	3	6	
Colonel ou lieutenant-colonel directeur des établissements hippiques d'Algérie....................	1	2	
Chef d'escadrons commandant les établissements hippiques de Suippes....................	1	1	
Pour chaque dépôt de remonte en France ou Algérie :			
Lieutenant-colonel ou chef d'escadrons commandant le dépôt....................	1	1	
Vétérinaire en 1er....................	1	1	

(1) Le personnel attaché d'une manière permanente au service de la remonte est compris dans l'état-major particulier de la cavalerie.

Cadre de l'état-major particulier de la cavalerie.

TABLEAU N° 5.

CADRES.	NOMBRE.	OBSERVATIONS.
Colonels ou lieutenants-colonels (1)	12	(1) Sans que le nombre des colonels puisse dépasser 7.
Chefs d'escadrons (2)............	31	(2) 8 chefs d'escadrons commandant un dépôt de remonte peuvent être maintenus dans leur emploi comme lieutenant-colonel ; ils continuent à compter en surnombre à l'état-major particulier, mais ils ne sont pas remplacés comme chefs d'escadrons.
Capitaines.....................	128	
Lieutenants et sous-lieutenants (3)	100	(3) Dont 70 sous-lieutenants provenant de l'Ecole spéciale militaire et détachés à l'Ecole d'application de cavalerie. Nombre variable.
Total....................	271	

Vu pour être annexé à la loi du 31 mars 1913, délibérée et adoptée par le Sénat et par la Chambre des députés.

Le Président de la République française,

R. POINCARE.

Par le Président de la République :

Le Ministre de la guerre,

Eug. ETIENNE.

Instruction pour l'application de la loi des cadres du 31 mars 1913 en ce qui concerne l'état-major particulier de la cavalerie.

Paris, le 26 avril 1913.

Par application de la loi des cadres de la cavalerie du 31 mars 1913, il est créé un état-major particulier de la cavalerie, destiné à recevoir une partie des officiers de l'arme, employés dans des services autres que le service régimentaire.

Comme par le passé, certains officiers de cavalerie spécialisés dans un service distinct, attachés militaires, missions, colonies, affaires indigènes, recrutement, état-major, continuent à être placés hors cadres, au titre de ces services.

Par contre, les officiers de cavalerie employés à l'administration centrale, dans les états-majors de brigade (officiers non brevetés), dans les écoles militaires (instructeurs ou professeurs), dans les remontes, entrent dans le cadre de l'état-major particulier. Les sous-lieutenants de l'Ecole d'application de cavalerie sont placés dans l'état-major particulier ou dans les corps de troupe.

Le passage des officiers dans l'état-major particulier est prononcé par le Ministre (2e Direction; Bureau de la Cavalerie), en même temps que la nomination ou la mutation qui place ces officiers hors du service régimentaire.

En temps de paix, les officiers de l'état-major particulier comptent en surnombre, ainsi que leurs chevaux et leur cavalier ordonnance, à une unité désignée par le Ministre : soit à un régiment de cavalerie, soit à un groupe de cavaliers de remonte, soit au cadre d'une école.

Leurs chevaux et leur cavalier ordonnance leur sont fournis par les unités auxquelles ils sont rattachés au même titre qu'aux officiers de ces unités.

L'emploi à la mobilisation des officiers de l'état-major particulier est déterminé pour chacun d'eux par un ordre individuel de mobilisation établi par le Ministre. Cet ordre de mobilisation peut affecter les officiers de l'état-major particulier à une unité distincte de celle à laquelle ils sont rattachés pour le temps de paix.

Les officiers placés dans l'état-major particulier conservent la tenue de la subdivision d'arme à laquelle ils appartiennent, en substituant les grenades aux numéros de régiment, sauf les officiers des écoles qui prennent la tenue spéciale. Les cavaliers ordonnances conservent la tenue et le numéro de leur régiment ou de leur groupe; leur armement ne comporte que le sabre; ils ne sont pas montés.

Nota. — Lors de la création des groupes de cavaliers de remonte et des groupes de cavaliers d'école, les officiers de l'état-major particulier rattachés provisoirement aux compagnies de remonte seront rattachés aux groupes correspondant à leur situation du temps de paix.

Instruction relative à l'application de la loi du 31 mars 1913, en ce qui concerne le cadre d'officiers et le cadre de sous-officiers et brigadiers des régiments de cavalerie.

Paris, le 2 septembre 1913.

Capitaines.

Pendant la période transitoire actuelle et par dérogation aux paragraphes 1 et 2 de l'instruction du 23 octobre 1912, les règles suivantes seront appliquées pour la réorganisation des cadres régimentaires (officiers).

L'administration centrale (2ᵉ Direction; 1ᵉʳ Bureau) se réserve les nominations de capitaine du cadre complémentaire, de capitaine adjoint au colonel et de capitaine commandant.

Les chefs de corps répartissent les fonctions d'adjudant-major ou de capitaine chargé de la mobilisation entre les capitaines du cadre complémentaire, suivant les aptitudes de ces officiers.

Les capitaines en second qui, faute de vacances, ne peuvent être pourvus de suite d'un commandement d'escadron sont provisoirement placés dans le cadre complémentaire.

Cadre complémentaire.

Les capitaines commandants actuellement en fonctions ne peuvent passer dans le cadre complémentaire ou être nommés à l'emploi d'adjoint au colonel qu'après trois ans de commandement dont deux, en principe, dans un escadron actif.

Capitaine adjoint au colonel.

Le capitaine adjoint au colonel prend les attributions précédemment dévolues au capitaine instructeur.

Pour pourvoir à une vacance d'adjoint au colonel, le chef de corps propose au Ministre pour cet emploi soit un capitaine commandant ayant l'ancienneté de commandement exigée, soit un capitaine du cadre complémentaire.

Capitaines commandants

L'attribution du commandement des escadrons actifs et du dépôt est réglée par les chefs de corps, qui doivent se conformer aux dispositions suivantes :

En principe, le capitaine commandant le moins ancien de grade commande le dépôt; toutefois, un capitaine commandant d'un escadron actif ne pourra être dépossédé de son emploi en vertu de cette règle.

Lorsqu'une vacance de capitaine commandant se produit aux escadrons actifs, elle ne peut être attribuée au capitaine commandant le dépôt qu'après nomination, par le Ministre, du capitaine commandant qui comble cette vacance, de manière que le commandement de l'escadron actif soit réservé à ce dernier officier, s'il est plus ancien que le capitaine commandant le dépôt.

Lorsque deux capitaines commandants permutent entre eux, ils prennent dans le régiment où ils passent, le commandement du dépôt, s'ils sont moins anciens que le capitaine commandant ce dépôt.

Les capitaines de cavalerie brevetés sont pourvus obligatoirement du commandement d'un escadron actif sans condition d'ancienneté.

Dans l'intérêt du service et sur la proposition des chefs hiérarchiques, le Ministre peut maintenir ou affecter au commandement du dépôt un capitaine commandant que son ancienneté relative appellerait au commandement d'un escadron actif.

Capitaine trésorier.

Le capitaine trésorier conserve ses attributions précédentes.

Capitaine chargé du matériel.

Le capitaine chargé du matériel compte à l'état-major du régiment et prend les attributions précédemment dévolues au capitaine d'habillement; il y ajoute (à partir du 31 décembre 1913) tout ce qui concerne le matériel.

Il est secondé dans ses fonctions par le lieutenant en second du dépôt pour l'entretien des équipages régimentaires et par l'adjudant de casernement pour les services de l'armement, du casernement, du chauffage, de l'éclairage et du couchage.

Dispositions spéciales aux régiments de spahis.

Dans les régiments de spahis, un lieutenant du cadre complémentaire est adjoint au capitaine chargé du matériel; les fonctions de capitaine commandant, de capitaine trésorier, de capitaine chargé du matériel et de capitaine chargé de la mobilisation sont attribuées à des officiers français; les fonctions de capitaine adjudant-major peuvent être attribuées aux officiers indigènes.

Lieutenants et sous-lieutenants.

Les lieutenants et sous-lieutenants sont affectés aux escadrons actifs ou au dépôt, et dans les régiments de chasseurs d'Afrique et de spahis au cadre complémentaire, par les soins du chef de corps et d'après les règles suivantes :

Les cinq lieutenants les plus anciens, présents (1) au régiment, prennent le titre de lieutenant en premier (2) et sont répartis ainsi : les quatre plus anciens sont placés chacun dans un escadron actif, le cinquième est placé au dépôt. Dans les régiments de spahis, les lieutenants en premier sont exclusivement des officiers français.

Les autres lieutenants du régiment prennent le titre de lieutenant en second.

Le lieutenant porte-étendard restera en fonctions jusqu'au 31 décembre 1913 inclus; à cette date, il sera versé dans le cadre d'un escadron actif ou désigné comme lieutenant en 2e du dépôt.

Le lieutenant en 2e du dépôt est officier d'approvisionnement en manœuvres et en campagne; à ce titre, il s'occupe en tout temps des équipages régimentaires et des chevaux d'attelage. En garnison, en outre de ses fonctions de chef de peloton, il remplit celles de secrétaire de la commission des ordinaires. Il porte l'étendard dans les revues, défilés, etc... Le lieutenant en 2e du dépôt est désigné par le chef de corps, qui le choisit, en principe, parmi les officiers possédant l'aptitude aux fonctions précitées et ayant accompli au moins trois ans de service comme chef de peloton dans un escadron actif (3). Dans le cas où le

---

(1) Sont considérés comme *présents* les officiers même momentanément détachés, pourvu que cette absence n'ait qu'un caractère temporaire et reste, dans tous les cas, inférieure à un an (cours de Saumur ou dans une école de tir, etc.).

(2) Exception faite pour l'adjoint au trésorier, et transitoirement pour le porte-étendard et, dans certains cas, pour le lieutenant en 2e du dépôt.

(3) Cette mesure, et celle qui prescrit de faire passer, à son tour, le lieutenant en 2e du dépôt à l'emploi de lieutenant en 1er, ont pour but de préparer cet officier au commandement d'un escadron. Il en résulte que,

dépôt est séparé du reste du régiment, le lieutenant en 2e du dépôt est détaché à la portion principale pour y remplir ses fonctions spéciales. Il est remplacé comme chef de peloton au dépôt par un adjudant-chef.

Les autres chefs de peloton présents au corps sont répartis dans les escadrons actifs. Les chefs de peloton absents (1) sont répartis dans les escadrons, de manière à égaliser les charges (dans les régiments d'Afrique, les absents sont tout d'abord affectés au cadre complémentaire).

Au fur et à mesure que les vacances se produisent dans le cadre des lieutenants, elles sont comblées de la manière suivante par le chef de corps :

La vacance de lieutenant en 1er dans un escadron actif par le lieutenant en 1er du dépôt (dans les régiments de spahis, par le plus ancien lieutenant en 2e présent) (2);

Celle de lieutenant en 1er du dépôt par le plus ancien lieutenant en 2e présent (3);

Celle de lieutenant en 2e du dépôt, par un lieutenant en 2e choisi parmi ceux qui remplissent les conditions;

Les autres, par des officiers arrivant au corps, ou cessant d'y occuper des fonctions spéciales, ou comptant comme présents après y avoir compté comme absents. Le placement de ces officiers dans les escadrons se fait en affectant le plus ancien à la vacance la plus ancienne.

Si l'ancienneté d'un lieutenant arrivant au corps par mutation ou permutation est telle qu'elle le classe parmi les lieutenants en 1er du régiment, cet officier est affecté provisoirement à un escadron (ou au cadre complémentaire dans les régiments d'Afrique), et l'on attend, pour lui attribuer la place qui lui revient, le départ d'un des lieutenants en 1er.

Sous-officiers et brigadiers.

Les nominations aux emplois créés par la loi du 31 mars 1913

---

si un lieutenant en 2e du dépôt (ou actuellement, si un lieutenant porte-étendard) se destine aux fonctions de capitaine comptable, ce lieutenant est autorisé à renoncer dans l'avenir aux fonctions de lieutenant en 1er, et le chef de corps peut alors le placer et le laisser au dépôt comme lieutenant en 2e jusqu'à sa promotion au grade de capitaine.

(1) Sont considérés comme *absents* les officiers détachés pour un temps illimité ou pour une période au moins égale à une année, les officiers en congé d'un an au moins.

(2) Exception faite pour l'adjoint au trésorier.

(3) Exception faite pour l'adjoint au trésorier et, transitoirement, pour le porte-étendard, et, le cas échéant, pour le lieutenant en 2e du dépôt.

sont soumises aux textes suivants qui restent en vigueur : pour les adjudants-chefs à l'instruction du 24 mai 1912; pour les autres sous-officiers à l'article 12 de l'ordonnance du 16 mars 1838, et, en outre, pour *tous les adjudants* à la circulaire du 30 janvier 1909, pour les sous-officiers premiers maîtres maréchaux ferrants à la circulaire du 28 juin 1907.

Le chef de corps ne procède à des nominations aux différents emplois créés qu'autant que les ressources de son régiment lui permettent d'affecter à chaque emploi un titulaire jugé apte à le remplir. Il est donc libre de constituer immédiatement ou progressivement le cadre de sous-officiers de son régiment.

Adjudants-chefs.

Le commandant de corps d'armée nomme, dans chaque régiment de l'intérieur et de chasseurs d'Afrique, le titulaire du deuxième emploi d'adjudant-chef; dans les régiments de spahis, le titulaire de l'emploi d'adjudant-chef.

Maréchaux ferrants.

Dans les régiments de l'intérieur et de chasseurs d'Afrique, les titulaires des emplois créés d'adjudant premier maître maréchal ferrant et de maréchal des logis premier maître maréchal ferrant sont nommés par le chef de corps.

L'adjudant premier maître maréchal ferrant est chargé de l'infirmerie des chevaux et de la maréchalerie sous l'autorité du vétérinaire chef de service; il devient en outre l'abonnataire pour la ferrure des chevaux de l'état-major du cadre complémentaire, du peloton hors rang et du dépôt du régiment, ainsi que d'un certain nombre de chevaux mis en subsistance au corps pour la ferrure, de telle manière qu'il ait l'abonnement de 60 chevaux au moins. Dans les régiments dont le dépôt est détaché, l'adjudant maréchal est à la portion principale et les chevaux du dépôt sont ferrés pour le compte de ce sous-officier par le premier aide-maréchal ferrant de ce dépôt.

Chaque demi-régiment compte un maréchal des logis maréchal et un brigadier maréchal.

Chacun des maréchaux des logis maréchaux ferrants et des brigadiers maréchaux ferrants est abonnataire de la ferrure des chevaux d'un escadron actif.

Dans les régiments de spahis, le chef de corps nomme autant

de maréchaux des logis maréchaux ferrants que la loi le lui permet, et les répartit dans les demi-régiments.

Adjudants et maréchaux des logis.

Les titulaires de deux emplois d'adjudants (de trois emplois d'adjudants dans les régiments de spahis) et des emplois de maréchal des logis créés par la loi sont nommés par le chef de corps dans les limites indiquées plus haut.

Brigadiers fourriers et brigadiers.

L'emploi de brigadier fourrier étant supprimé, les titulaires de cet emploi ne sont pas remplacés s'ils sont promus sous-officiers ou lors de leur libération. Les brigadiers fourriers non promus remplissent exceptionnellement l'emploi de maréchal des logis fourrier d'un escadron (tableau n° 1 ou 2 annexés à la loi).

Un certain nombre d'emplois de brigadier étant également supprimés, dans les régiments de l'intérieur et de chasseurs d'Afrique, un nombre équivalent de brigadiers promus sous-officiers ne sont pas remplacés.

L'ensemble de ces promotions doit avoir pour résultat, lorsque le mouvement sera achevé, de donner au régiment le total de sous-officiers prévu par la loi pour chacun des différents emplois et non compris les aspirants de Saumur mis à la suite, ni les brigadiers nommés en surnombre par application de la circulaire du 12 mai 1910 et de l'article 2 de la loi du 14 avril 1832, modifié le 16 juillet 1906.

En même temps que par des nominations, le chef de corps pourvoit aux différents emplois énumérés ci-dessus, il prononce les mutations nécessaires pour organiser le cadre-troupe du peloton hors rang, des escadrons et du dépôt, de manière à obtenir les résultats suivants :

Pourvoir chacun des emplois spéciaux du peloton hors rang d'un titulaire apte à remplir cet emploi;

Réduire le dépôt à l'effectif fixé par la loi, tout en tenant compte que celle-ci permet de faire varier cet effectif suivant les besoins du service.

Constituer les cadres et effectifs des escadrons actifs.

Gradés télégraphistes et mitrailleurs.

En principe, un régiment ne possède que l'une ou l'autre de ces deux catégories de gradés, qui comptent en surnombre. Tous les télégraphistes (gradés et cavaliers) sont groupés dans le régiment de la brigade qui ne possède pas de section de mitrailleuses. Le matériel télégraphique est pris en charge par le régiment. Le général de brigade prononce les mutations nécessaires pour réaliser ce groupement.

Gradés promus dans leur emploi.

A partir du 1ᵉʳ avril 1914 seulement, les maréchaux des logis titulaires d'un emploi spécial, que la loi permet de nommer maréchaux des logis chefs dans leur emploi, peuvent recevoir cet avancement dès qu'ils remplissent les conditions d'ancienneté de grade requises.

Dès maintenant, le brigadier secrétaire du major peut être nommé maréchal des logis, s'il remplit les conditions. Il en est de même pour le brigadier-trompette des régiments de spahis.

Maître sellier.

Le maréchal des logis maître-sellier en fonctions conserve son grade et son emploi; il est remplacé à son départ du service par un brigadier maître-sellier; jusqu'à cette époque, le régiment qui a un maréchal des logis maître-sellier n'a qu'un seul brigadier sellier.

Vaguemestre.

En garnison, le vaguemestre est un maréchal des logis du dépôt désigné par le chef de corps et détaché, au besoin, à la portion principale. Aux manœuvres et en campagne, ces fonctions sont exercées par l'adjudant désigné comme chef du train régimentaire, conformément aux prescriptions de la circulaire du 15 juin 1911.

Toutes les dispositions contraires à la présente instruction sont et demeurent abrogées.

Décret relatif à l'organisation de dix divisions de cavalerie.

Paris, le 4 juin 1913.

RAPPORT AU PRÉSIDENT DE LA RÉPUBLIQUE FRANÇAISE.

Monsieur le Président,

Depuis que le développement progressif de nos forces militaires nous a amené à organiser nos grandes unités en armées, la nécessité de doter ce groupement de manœuvre d'une cavalerie spéciale s'est fait sentir.

C'est pour répondre à ce besoin que la loi du 31 mars 1913, relative à la constitution des cadres et des effectifs de la cavalerie, a prévu l'endivisionnement d'un nombre plus considérable de régiments de cette arme et n'a laissé aux corps d'armée, en principe, qu'un seul régiment et exceptionnellement deux ou trois.

Comme conséquence, le Département de la guerre a établi le projet de décret ci-joint, visant l'organisation de dix divisions de cavalerie.

J'ai l'honneur de soumettre ce projet de décret à votre haute approbation.

Veuillez agréer, Monsieur le Président, l'hommage de mon respectueux dévouement.

Le Ministre de la guerre,

E. ETIENNE.

DÉCRET.

Le Président de la République française,

Sur le rapport du Ministre de la guerre,

Vu la loi du 31 mars 1913, relative à la constitution des cadres et des effectifs de la cavalerie,

Décrète :

Art. 1er. Il sera procédé pour le 1er octobre 1913 à l'organisation de dix divisions de cavalerie.

Art. 2. Ces divisions seront constituées à trois, éventuellement à quatre brigades de cavalerie. A chacune d'elles seront affectés un groupe de batteries à cheval et un groupe cycliste.

Art. 3. Le Ministre de la guerre est chargé de l'exécution du présent décret, qui sera publié au *Journal officiel* et inscrit au *Bulletin des lois*.

Fait à Paris, le 4 juin 1913.

R. POINCARÉ.

Par le Président de la République :
Le Ministre de la guerre,

E. ETIENNE.

*Répartition définitive des régiments de cavalerie
à la date du 15 avril 1914.*

Paris, le 11 mars 1914.

Notification d'une nouvelle organisation de la cavalerie stationnée en France.

La répartition des régiments de cavalerie de la métropole entre les dix divisions prévues au décret du 4 juin 1913 est fixée, à partir du 15 avril 1914, dans les conditions indiquées au tableau ci-après :

1re Division.

Quartier général : PARIS.

2ᵉ brig. de cuirass. (état-major, Paris)	1ᵉʳ rég. de cuirassiers...	Paris.
	2ᵉ rég. de cuirassiers...	Paris.
5ᵉ brig. de dragons (état-major, Vincennes)...........	6ᵉ rég. de dragons.....	Vincennes.
	23ᵉ rég. de dragons.....	Vincennes.
11ᵉ brig. de dragons (état-major, Versailles)...........	27ᵉ rég. de dragons.....	Versailles.
	32ᵉ rég. de dragons.....	Versailles.
	7ᵉ rég. de chasseurs...	Evreux.

Artillerie.

Groupe à cheval du 13ᵉ régiment d'artillerie..	Paris.
Groupe cycliste du 26ᵉ bat. de chasseurs à pied.	Vincennes.

2ᵉ Division.

Quartier général : LUNÉVILLE

2ᵉ brig. de dragons (état-major, Lunéville)...........	8ᵉ rég. de dragons.....	P. C.	Lunéville.
		D.	Vitry-le-François.
	31ᵉ rég. de dragons.....	P. C.	Lunéville.
		D.	Vitry-le-François.
12ᵉ brig. de dragons (état-major, Toul).	4ᵉ rég. de dragons.....	P. C.	Commercy.
		D.	Sézanne.
	12ᵉ rég. de dragons.....	P. C.	Toul.
		D.	Troyes.
	5ᵉ rég. de hussards....	P. C.	Nancy.
		D.	Troyes.
2ᵉ brig. de caval. légère (état-major, Lunéville)........	4ᵉ rég. de chasseurs...	Epinal.	
	17ᵉ rég. de chasseurs...	P. C.	Lunéville.
		D.	Vitry-le-François.
	18ᵉ rég. de chasseurs...	P. C.	Lunéville.
		D.	Vitry-le-François.

Artillerie.

Groupe à cheval du 8ᵉ régiment d'artillerie.... Lunéville.
Groupe cycliste du 2ᵉ bat. de chasseurs à pied. Lunéville.

3ᵉ Division.

Quartier général : COMPIÈGNE.

4ᵉ brig. de cuiras- siers (état-major, Douai).	4ᵉ rég. de cuirassiers... 9ᵉ rég. de cuirassiers... 6ᵉ rég. de chasseurs...	Cambrai. Douai. Lille.
13ᵉ brig. de dragons (état-major, Com- piègne).	5ᵉ rég. de dragons..... 21ᵉ rég. de dragons..... 19ᵉ rég. de chasseurs...	Compiègne. Noyon. La Fère.
3ᵉ brig. de cavalerie légère (état-major, Meaux). . . ·	3ᵉ rég. de hussards.... 8ᵉ rég. de hussards....	Senlis. Meaux.

Artillerie.

Groupe à cheval du 42ᵉ régiment d'artillerie.. Camp de Sissonne.
Groupe cycliste du 18ᵉ bat. de chasseurs à pied. Compiègne.

4ᵉ Division.

Quartier général : SEDAN.

3ᵉ brig. de cuiras- siers (état-major, Sainte-Menehould)	3ᵉ rég. de cuirassiers...	P. C. D.	Vouziers. Reims.
	6ᵉ rég. de cuirassiers...	P. C. D.	Sainte-Menehould. Camp de Châlons.
4ᵉ brig. de dragons (état-major, Se- dan).	28ᵉ rég. de dragons.....	P. C. D.	Sedan. Mézières.
	30ᵉ rég. de dragons.....	P. C. D.	Sedan. Mézières.
1ʳ brig. de cavalerie légère (état-major, Saint-Mihiel). . . .	10ᵉ rég. de chasseurs...	P. C. D.	Sampigny. Sézanne.
	12ᵉ rég. de chasseurs...	P. C. D.	Saint-Mihiel. Sézanne.
4ᵉ brig. de cavalerie légère (état-major, Verdun).	2ᵉ rég. de hussards....	P. C. D.	Verdun. Reims.
	4ᵉ rég. de hussards....	P. C. D.	Verdun. Reims

Artillerie.

Groupe à cheval du 40ᵉ régiment d'artillerie.. Mézières.
Groupe cycliste du 19ᵉ bat. de chasseurs à pied. Verdun.

5ᵉ Division.

Quartier général : REIMS.

3ᵉ brig. de dragons (état-maj., Reims).	16ᵉ rég. de dragons..... 22ᵉ rég. de dragons.....	Reims. Reims.
7ᵉ brig. de dragons (état-major, Eper- nay).	9ᵉ rég. de dragons..... 29ᵉ rég. de dragons.....	Epernay. Provins.
5ᵉ brig. de cavalerie légère (état-major, Châlons).	5ᵉ rég. de chasseurs... 15ᵉ rég. de chasseurs...	Châlons. Châlons.

Artillerie.

Groupe à cheval du 61e régiment d'artillerie.. Camp de Châlons.
Groupe cycliste du 29e bat. de chasseurs à pied. Châlons.

6e Division.

Quartier général : LYON.

5e brig. de cuiras- { 7e rég. de cuirassiers... Lyon.
siers (état-major, { 10e rég. de cuirassiers... Lyon.
Lyon). . . . . { 9e rég. de hussards.... Chambéry.

6e brig. de dragons { 2e rég. de dragons..... Lyon.
(état-major, Lyon). { 14e rég. de dragons..... Saint-Etienne.
{ 3e rég. de chasseurs... Clermont-Ferrand.

6e brig. de cavalerie { 13e rég. de chasseurs... Vienne.
légère (état-major, { 6e rég. de hussards.... Marseille.
Tarascon). . . . . . { 11e rég. de hussards.... Tarascon.

Artillerie.

Groupe à cheval du 54e régiment d'artillerie.. Lyon.
Groupe cycliste du 13e bat. de chasseurs à pied. Lyon.

7e Division.

Quartier général : MELUN.

6e brig. de cuiras- { 11e rég. de cuirassiers... Saint-Germain.
siers (état-major, { 12e rég. de cuirassiers... Rambouillet.
Saint-Germain). . . {

1re brig. de dragons { 7e rég. de dragons..... Fontainebleau.
(état-major, Fon- { 13e rég. de dragons..... Melun.
tainebleau). . . . . { 8e rég. de chasseurs... Orléans.

7e brig. de cavalerie { 1er rég. de chasseurs... Châteaudun.
légère (état-major, { 20e rég. de chasseurs... Vendôme.
Vendôme). . . . . . { 14e rég. de hussards.... Alençon.

Artillerie.

Groupe à cheval du 30e régiment d'artillerie.. Orléans.
Groupe cycliste du 4e bat. de chasseurs à pied. Orléans.

8e Division.

Quartier général : DOLE.

8e brig. de dragons { 11e rég. de dragons..... Belfort.
(état-major, Bel- { 18e rég. de dragons..... Lure.
fort). . . . . {

14e brig. de dragons { 17e rég. de dragons..... Auxonne.
(état-maj., Dijon). { 26e rég. de dragons..... Dijon.
{ 16e rég. de chasseurs... Beaune.

8e brig. de cavalerie { 11e rég. de chasseurs... Vesoul.
légère (état-major, { 14e rég. de chasseurs... Dôle.
Dôle). . . . . { 12e rég. de hussards.... Gray.

Artillerie.

Groupe à cheval du 4e régiment d'artillerie.... Besançon.
Groupe cycliste du 15e bat. de chasseurs à pied. Montbéliard.

9ᵉ Division.

Quartier général : TOURS.

1ʳᵉ brig. de cuirassiers (état-major, Tours).	5ᵉ rég. de cuirassiers...	Tours.
	8ᵉ rég. de cuirassiers...	Tours.
	7ᵉ rég. de hussards....	Niort.
9ᵉ brig. de dragons (état-major, Nantes).	1ᵉʳ rég. de dragons.....	Luçon.
	3ᵉ rég. de dragons.....	Nantes.
	2ᵉ rég. de chasseurs...	Pontivy.
16ᵉ brig. de dragons (état-major, Rennes).	24ᵉ rég. de dragons.....	Rennes.
	25ᵉ rég. de dragons.....	Angers.
	13ᵉ rég. de hussards....	Dinan.

Artillerie.

Groupe à cheval du 33ᵉ régiment d'artillerie.. Tours.
Groupe cycliste du 25ᵉ bat. de chasseurs à pied. Tours.

10ᶜ Division.

Quartier général : MONTAUBAN.

10ᵉ brig. de dragons (état-major, Limoges).	15ᵉ rég. de dragons.....	Libourne.
	20ᵉ rég. de dragons.....	Limoges.
	21ᵉ rég. de chasseurs...	Limoges.
15ᵉ brig. de dragons (état-major, Montauban).	10ᵉ rég. de dragons.....	Montauban.
	19ᵉ rég. de dragons.....	Castres.
	1ᵉʳ rég. de hussards....	Béziers.
9ᵉ brig. de cavalerie légère (état-major, Tarbes).	9ᵉ rég. de chasseurs...	Auch.
	10ᵉ rég. de hussards....	Tarbes.

Artillerie.

Groupe à cheval du 14ᵉ régiment d'artillerie.. Tarbes.
Groupe cycliste du 1ᵉʳ bat. de chasseurs à pied. Limoges.

Nota. — La composition de la 10ᵉ division de cavalerie pourra être modifiée au moment de la constitution des 22ᵉ et 23ᵉ régiments de chasseurs créés par la loi du 31 mars 1913.

Paris et Limoges. — Imprimerie et librairie militaires Henri Charles-Lavauzelle.

Librairie Militaire Henri CHARLES-LAVAUZELLE

PARIS ET LIMOGES